COBRA NORATO

RAUL BOPP | COBRA NORATO

Ilustrações
Ciro Fernandes

30ª edição

Rio de Janeiro, 2016

© herdeiros de Raul Bopp, 2001

Reservam-se os direitos desta edição à
EDITORA JOSÉ OLYMPIO LTDA.
Rua Argentina, 171 – 3º andar – São Cristóvão
20921-380 – Rio de Janeiro, RJ – República Federativa do Brasil
Tel.: (21) 2585-2060
Printed in Brazil / Impresso no Brasil

Atendimento e venda direta ao leitor:
mdireto@record.com.br
Tel.: (21) 2585-2002

ISBN 978-85-03-00528-9

Capa: Leonardo Iaccarino (baseada em ilustração de Ciro Fernandes)

Ciro Fernandes é paraibano de Uiraúna e nasceu em 1942. Artista plástico, participou de muitas exposições, em várias capitais brasileiras. Para a editora José Olympio ilustrou *O menino que virou escritor* (sobre a infância de José Lins do Rego), de Ana Maria Machado, considerado "Altamente recomendável" pela Fundação Nacional do Livro Infantil e Juvenil. É autor de *Sonho de papel*, publicado pela editora José Olympio, em 2002. Ciro Fernandes trabalha e mora no Rio de Janeiro.

Reprodução fac-similar do manuscrito autografado da primeira página de *Cobra Norato*, gentilmente cedido por Maria Amélia Mello.

Texto revisado segundo o novo Acordo Ortográfico da Língua Portuguesa.

CIP-Brasil. Catalogação na fonte
Sindicato Nacional dos Editores de Livros, RJ.

	Bopp, Raul, 1898-1984
B716c	Cobra Norato / Raul Bopp; ilustrações Ciro Fernandes – 30ª ed. –
30ª ed.	Rio de Janeiro: José Olympio, 2016.
	ISBN 978-85-03-00528-9
	Contém dados biobibliográficos.
	1. Poesia brasileira. I. Título.

	CDD – 869.91
16-0389	CDU – 821.134.3 (81)-1

Para Tarsila

SUMÁRIO

Um andar sinuoso, veloz e poético   9

COBRA NORATO

I	Um dia	15
II	Começa agora a floresta cifrada	17
III	Sigo depressa machucando a areia	20
IV	Esta é a floresta de hálito podre	21
V	Aqui é a escola das árvores	22
VI	Passo nas beiras de um encharcadiço	24
VII	Ai! Tenho pressa. Vou andando	25
VIII	Desaba a chuva	27
IX	Ai que estou perdido	29
X	Agora	31
XI	Acordo	32
XII	A madrugada vem se mexendo atrás do mato	34
XIII	Solzinho infantil	36
XIV	Meio-dia	37
XV	Céu muito azul	38
XVI	Mar fica longe, compadre?	39
XVII	A floresta vem caminhando	40
XVIII	Vou me estirar neste paturá	43
XIX	Mar desarrumado	44

XX	Começa hoje a maré grande	45
XXI	Noite pontual	46
XXII	Paisagem encharcada	47
XXIII	Noite grande...	48
XXIV	Compadre, eu já estou com fome	49
XXV	A festa parece animada, compadre	52
XXVI	Noite está bonita	56
XXVII	Mais adiante uma pajelança	58
XXVIII	A floresta se avoluma	62
XXIX	Escuta, compadre	66
XXX	Abre-te vento	67
XXXI	Esta é a entrada da casa da Boiuna	69
XXXII	E agora, compadre	73
XXXIII	Pois é, compadre	74

Sobre o autor e sua obra   77

Um andar sinuoso, veloz e poético

COBRA NORATO, poema maior de Raul Bopp, foi idealizado em 1921, escrito em 1928 (segundo informa a sua primeira edição) e publicado em 1931. Vários críticos literários já falaram sobre o autor e a obra, tanto na imprensa quanto em livros publicados. Mas, sempre se estará a dever alguma coisa ao grande poeta, ainda não exaustivamente citado, estudado e conhecido como merecem seu nome e seu trabalho.

Em *Cobra Norato e a revolução caraíba* (Rio de Janeiro/Brasília, José Olympio/INL, 1985), da inesquecível Lígia Morrone Averbuck, ela observa muito apropriadamente:

> No panorama da literatura modernista, a obra poética de Raul Bopp ocupa um lugar *sui generis*. Se bem que mencionada com relativa frequência e incluída em obras de caráter geral, até o presente momento ela não foi objeto, por parte da crítica brasileira, senão de estudos mais ou menos breves, ou de trabalhos puramente comparativos, que colocam o poema *Cobra Norato*, seu texto mais importante, ao lado de outras produções modernistas, sobretudo dos textos de *Macunaíma* — de Mário de Andrade —, e *Martim Cererê* — de Cassiano Ricardo —, produções da mesma safra poética que *Cobra Norato* e com as quais formaria a tríade mítica do Modernismo.

E prossegue, mais adiante:

> Pode-se verificar que, hoje, quando há um renovado interesse pelo exame da significação do movimento modernista, com vistas à interpretação global da cultura brasileira, a obra de Raul Bopp aparece realçada por um significado fundamental no conjunto do período, como expressão de uma poética linguística e estilisticamente revolucionária, pela margem conotativa revelada nas entrelinhas do seu texto e sua aproximação com uma das mais ricas formulações da temática modernista, a do movimento antropofágico, aspectos todos eles abertos ainda à discussão e à análise.

Bopp, homem do Sul do país e descendente de alemães, encontrou na Amazônia a antítese e a síntese de sua existência. Espantou-se e deslumbrou-se, aguçou sua percepção da realidade brasileira, e, finalmente, identificou-se com a necessidade de "devorar" e impregnar-se das raízes nacionais, o que era, na verdade, o fundamento da chamada "filosofia antropofágica". É ele quem diz:

> A estada de pouco mais de um ano na Amazônia deixou em mim assinaladas influências. Cenários imensos, que se estendiam com a presença do rio por toda parte, refletiam-se com estranha fascinação no espírito da gente. A floresta era uma esfinge indecifrada. Agitavam-se enigmas nas vozes anônimas do mato. Inconscientemente, fui sentindo uma nova maneira de apreciar as coisas. A própria malária, contraída em minhas viagens, acomodou meu espírito na humildade, criando um mundo surrealista, com espaços imaginários. Ensaiei, nessa época, além do esboço da *Cobra Norato*, alguns poemas avulsos: "Mãe febre", "Pântano", "Sapo", "Cidade selvagem". Procurei res-

tituir, em versos, impressões recolhidas em minhas andanças na região. Senti claramente o desgaste das antigas formas poéticas, de vibrações silábicas em uso. Elas foram sendo substituídas por maneiras de dizer mais simples, em novos moldes literários. Com a minha vivência na Amazônia, de profundidades incalculáveis, fui pouco a pouco aprendendo a sentir o Brasil, com o seu sentido mágico desdobrado na sua totalidade.

Bendita Amazônia! Se Bopp não tivesse passado, em suas viagens curiosas e aventureiras, por esta região de lendas e mistérios, talvez não tivéssemos o genial *Cobra Norato*, a andar sinuoso, veloz e poético pela história das obras-primas da literatura brasileira e universal. "*Cobra Norato*, representação material da 'metáfora nacionalista', é reflexo da visão de mundo 'antropofágica'" — outra vez Lígia M. Averbuck — "projeto sonhado por escritores que desejaram mudar o Brasil com os instrumentos de que dispunham: sua poesia e os ideais de seu tempo".

COBRA NORATO

I

Um dia
eu hei de morar nas terras do Sem-fim

Vou andando caminhando caminhando
Me misturo no ventre do mato mordendo raízes

Depois
faço puçanga de flor de tajá de lagoa
e mando chamar a Cobra Norato

— Quero contar-te uma história
Vamos passear naquelas ilhas decotadas?
Faz de conta que há luar

A noite chega mansinho
Estrelas conversam em voz baixa
Brinco então de amarrar uma fita no pescoço
e estrangulo a Cobra.

Agora sim
me enfio nessa pele de seda elástica
e saio a correr mundo

Vou visitar a rainha Luzia
Quero me casar com sua filha
— Então você tem que apagar os olhos primeiro
O sono escorregou nas pálpebras pesadas
Um chão de lama rouba a força dos meus passos

Brinco então de amarrar uma fita no pescoço
e estrangulo a Cobra

II

Começa agora a floresta cifrada

A sombra escondeu as árvores
Sapos beiçudos espiam no escuro

Aqui um pedaço de mato está de castigo
Arvorezinhas acocoram-se no charco
Um fio de água atrasada lambe a lama

— Eu quero é ver a filha da rainha Luzia!

Agora são os rios afogados
bebendo o caminho
A água resvala pelos atoleiros
afundando afundando
Lá adiante
a areia guardou os rastos da filha da rainha Luzia

— Agora sim
vou ver a filha da rainha Luzia

Mas antes tem que passar por sete portas
Ver sete mulheres brancas de ventres despovoados
guardadas por um jacaré

— Eu só quero a filha da rainha Luzia

Ver sete mulheres brancas de ventres despovoados guardadas por um jacaré

Tem que entregar a sombra para o Bicho do Fundo
Tem que fazer mirongas na lua nova
Tem que beber três gotas de sangue

— Ah só se for da filha da rainha Luzia!

A selva imensa está com insônia

Bocejam árvores sonolentas
Ai que a noite secou. A água do rio se quebrou
Tenho que ir-me embora

Me sumo sem rumo no fundo do mato
onde as velhas árvores grávidas cochilam

De todos os lados me chamam
— Onde vais Cobra Norato?
Tenho aqui três arvorezinhas jovens à tua espera

— Não posso
Eu hoje vou dormir com a filha da rainha Luzia

III

Sigo depressa machucando a areia
Erva-picão me arranhou
Caules gordos brincam de afundar na lama
Galhinhos fazem "psiu"

Deixa eu passar que vou pra longe

Moitas de tiririca entopem o caminho

— Ai Pai-do-mato!
quem me quebrou com mau-olhado
e virou meu rasto no chão?

Ando já com os olhos murchos
de tanto procurar a filha da rainha Luzia

O resto da noite me enrola

A terra agora perde o fundo
Um charco de umbigo mole me engole

Onde irei eu
que já estou com o sangue doendo
das mirongas da filha da rainha Luzia?

IV

Esta é a floresta de hálito podre
parindo cobras

Rios magros obrigados a trabalhar
A correnteza se arrepia
descascando as margens gosmentas

Raízes desdentadas mastigam lodo

Num estirão alagado
o charco engole a água do igarapé

Fede
O vento mudou de lugar

Um assobio assusta as árvores
Silêncio se machucou

Cai lá adiante um pedaço de pau seco:
Pum

Um berro atravessa a floresta
Chegam outras vozes

O rio se engasgou num barranco

Espia-me um sapo sapo
Aqui tem cheiro de gente
— Quem é você?

— Sou a Cobra Norato
Vou me amasiar com a filha da rainha Luzia

V

Aqui é a escola das árvores
Estão estudando geometria

— Vocês são cegas de nascença. Têm que obedecer ao rio

— Ai ai! Nós somos escravas do rio

— Vocês estão condenadas a trabalhar sempre sempre
Têm a obrigação de fazer folhas para cobrir a floresta
— Ai ai! Nós somos escravas do rio

— Vocês têm que afogar o homem na sombra
A floresta é inimiga do homem
— Ai ai! Nós somos escravas do rio

Atravesso paredes espessas
Ouço gritos miúdos de ai-me-acuda:
Estão castigando os pássaros

— Se não sabem a lição vocês têm que ser árvores
— Ai ai ai ai...

— O que é que você vai fazer lá em cima?

— Tenho que anunciar a lua
quando ela se levanta atrás do mato

— E você?
— Tenho que acordar as estrelas
em noites de São João

— E você?
— Tenho que marcar as horas no fundo da selva

Tiúg... Tiúg... Tiúg...
Twi. Twi-twi.

VI

Passo nas beiras de um encharcadiço
Um plasma visguento se descostura
e alaga as margens debruadas de lama

Vou furando paredões moles
Caio num fundo de floresta
inchada alarmada mal-assombrada

Ouvem-se apitos um bate-que-bate
Estão soldando serrando serrando
Parece que fabricam terra...
Ué! Estão mesmo fabricando terra

Chiam longos tanques de lodo-pacoema
Os velhos andaimes podres se derretem
Lameiros se emendam
Mato amontoado derrama-se no chão

Correm vozes em desordem
Berram: *Não pode*!
— Será comigo?

Passo por baixo de arcadas folhudas
Arbustos incógnitos perguntam:
— Já será dia?
Manchas de luz abrem buracos nas copas altas

Árvores-comadres
passaram a noite tecendo folhas em segredo
Vento-ventinho assoprou de fazer cócegas nos ramos
Desmanchou escrituras indecifradas

VII

Ai! Tenho pressa. Vou andando
Furo tabocas
— Onde estou?

Árvores de galhos idiotas me espiam
Águas defuntas estão esperando a hora de apodrecer

Escorrego por um labirinto
com árvores prenhas sentadas no escuro
Raízes com fome mordem o chão

Carobas sujas levantam os vestidos
como cachos de lama pingando

Açaís pernaltas
movem as folhas lentas no ar pesado
como pernas de aranha espetadas num caule

Miritis abrem os grandes leques vagarosos

Sapo sozinho chama chuva

No fundo
uma lâmina rápida risca o mato
Trovãozinho roncou: *já vou*

Vem de longe
um trovão de voz grossa resmungando
Abre um pedaço do céu
Desabam paredões estrondando no escuro
Arvorezinhas sonham tempestades...

A sombra vai comendo devagarzinho os horizontes inchados

VIII

Desaba a chuva
lavando a vegetação

Vento saqueia as árvores folhudas
de braços para o ar
Sacode o mato grande

Nuvens negras se amontoam
Monstros acocorados
tapam os horizontes beiçudos

Palmeiras aparam o céu

Alarmam-se as tiriricas
Saracurinhas piam piam piam

Guariba lá adiante puxa reza

As lagoas arrebentaram

Água rasteira agarra-se nos troncos
Rolam galhos secos pelo chão

O charco embarriga
com o vem-vem de plantinhas miúdas da enxurrada

Árvores encalhadas pedem socorro
Mata-paus vou-bem-de-saúde se abraçam

O céu tapa o rosto

Chove... Chove... Chove..

IX

Ai que estou perdido
num fundo de mato espantado mal-acabado

Me atolei num útero de lama
O ar perdeu o fôlego

Um cheiro choco se esparrama
Mexilhões estão de festa no atoleiro

Atrás de troncos encalhados
ouço guinchos de um guaxinim

Parece que vem alguém nesse escurão sem saída

— Olelé. Quem vem lá?
— Eu sou o Tatu-de-bunda-seca

— Ah compadre Tatu
que bom você vir aqui
Quero que você me ensine a sair desta goela podre

— Então se segure no meu rabo
que eu le puxo

— *Então se segure no meu rabo
que eu le puxo*

X

Agora
quero um rio emprestado pra tomar banho
Quero dormir três dias e três noites
com o sono do Acutipuru

— Você me espere
que depois vou le contar uma história

XI

Acordo
A lua nasceu com olheiras
O silêncio dói dentro do mato

Abriram-se as estrelas
As águas grandes se encolheram com sono

A noite cansada parou

Ai compadre!
Tenho vontade de ouvir uma música mole
que se estire por dentro do sangue;
música com gosto de lua
e do corpo da filha da rainha Luzia

que me faça ouvir de novo
a conversa dos rios
que trazem queixas do caminho
e vozes que vêm de longe
surradas de ai ai ai

Atravessei o Treme-treme

Passei na casa do Minhocão
Deixei minha sombra para o Bicho do Fundo
só por causa da filha da rainha Luzia

Levei puçanga de cheiro
e casca de tinhorão
fanfan com folhas de trevo
e raiz de mucura-caa

Mas nada deu certo...

Ando com uma jurumenha
que faz um doizinho na gente
e mexe com o sangue devagarinho

> *Ai compadre*
> *Não faça barulho*
> *que a filha da*
> *rainha Luzia*
> *talvez ainda esteja dormindo*

> *Ai onde andará*
> *que eu quero somente*
> *ver os seus olhos molhados de verde*
> *seu corpo alongado de canarana*

> *Talvez ande longe...*
> *E eu virei vira-mundo*
> *para ter um querzinho*
> *da filha da*
> *rainha Luzia*

> *Ai não faça barulho...*

XII

A madrugada vem se mexendo atrás do mato

Clareia
Os céus se espreguiçam

Arregaçam-se os horizontes

No alto de um cumandá
está cantando a Maria-é-dia

Acordam-se raízes com sono

Riozinho vai pra escola
Está estudando geografia

Árvores acocoradas
lavam galhos despenteados na correnteza

Gaivotas medem o céu

Horizontes riscados de verde me chamam

— Compadre
vamos pro lago Onça-poiema
Temos que pegar distância
antes de chegar a maré baixa

Este rio é a nossa rua
Ai o capim pirixi
Rema Rema deste lado
Quero ficar espichado
sobre o capim pirixi
Eu vou convidar a noite
para ficar por aqui

XIII

Solzinho infantil
cresceu engordurado e alegre

Arvorezinhas impacientes
mamam luz escorrendo das folhas

— Tire a mão daí Não me empurre!

Ventres de floresta gritam:
— Enche-me!

Rios escondidos sem filiação certa
vão de muda nadando nadando
Entram resmungando mato adentro

Nacos de terra caída
vão fixar residência mais adiante
numa geografia em construção

Mamoranas da beira do rio sonham viagens
Derretem-se na correnteza
cidades elásticas em trânsito

O sol tinge a paisagem
Lá adiante
nadam árvores de beiços caídos
movendo os longos galhos contrariados

XIV

Meio-dia
de um céu demorado

Quebra-se na mata
o grito de um arapapá

Coagulam-se estirões visguentos
estendidos ao sol para secar
Enruga-se o charco
como um ovário cansado

Um socó-boi sozinho
bebe silêncio

Longe
atrás de um fio de mato esmagado
estiram-se horizontes

O sol belisca a pele azul do lago

À beira das canaranas
dormem sáurios encouraçados

— Vou refrescar o corpo com um mergulho
Se eu demorar muito você me chame

A água tem a molura macia de perna de moça, compadre!

XV

Céu muito azul
Garcinha branca voou voou...
Pensou que o lago era lá em cima

Pesa um mormaço Dói a luz nos olhos
Sol parece um espelhinho

Vozes se dissolvem

Passarão sozinho risca a paisagem bojuda

XVI

— Mar fica longe, compadre?
— Fica
São dez léguas de mato e mais dez léguas
— Então vamos

Está começando a escurecer
A tarde esticou a asa vermelha

Toiceiras de capim membeca
escrevem sombras longas nas areias usadas

Um inhambu se assusta

Ecoa no fundo sem resposta
o grito cansado de um pixi-pixi

Encolhe-se a luz do dia
devagarzinho

— Vou ficar com os olhos entupidos de escuro
— Adeus marreca-toicinho!
— Adeus garça morena da lagoa!

Apagam-se as cores Horizontes se afundam
num naufrágio lento

A noite encalhou com um carregamento de estrelas

XVII

A floresta vem caminhando
— Abra-se que eu quero entrar!

Movem-se raízes com pernas atoladas

Águas de barriga cheia
espreguiçam-se nos igapós

O charco desdentado rumina lama

Uei! Aqui vai passando um riozinho
de águas órfãs fugindo
— Ai glu-glu-glu
Não-diz-nada pra ninguém
Se o sol aparecer ele me engole

— Então mande chamar a chuva compadre

Há gritos e ecos que se escondem
aflições de falta de ar
Árvores corcundas com fome mastigando estalando
entre roncos de ventres desatufados

Chô compadre
Eu também já estou com fome
— Então deixe eu assoprar na barriga

Movem-se raízes com pernas atoladas

Esta lagoa está com febre Inchou A água parou

— Ai, eu era um rio solteiro
Vinha bebendo o meu caminho
mas o mato me entupiu
Agora estou com o útero doendo ai ai

Grita sozinha
perdida dentro do mangue
uma seriquara quara quara

XVIII

Vou me estirar neste paturá
para ouvir barulhos de beira de mato
e sentir a noite toda habitada de estrelas

Quem sabe se uma delas
com seus fios de prata
viu o rasto luminoso da filha da rainha Luzia?

Dissolvem-se rumores distantes
num fundo de floresta anônima

Sinto bater em cadência
a pulsação da terra

Silêncios imensos se respondem...

XIX

Mar desarrumado
de horizontes elásticos
passou toda a noite com insônia
monologando e resmungando

Chegam ondas cansadas da viagem
descarregando montanhas

Fatias do mar dissolvem-se na areia
Parece que o espaço não tem fundo...

— De onde é que vem tanta água, compadre?

XX

Começa hoje a maré grande

O mar está se aprontando
para receber as águas vivas
de contrato com a lua

— Vamos rumar pras bandas do Bailique
para ver chegar a pororoca

O mangue pediu terra emprestada
pra construir aterros gosmentos

Brigam raízes famintas

A água engomada de lama
resvala devagarinho na vasa mole

Abrem-se pântanos de aninga
nas clareiras alagadas
Raízes descalças afundam-se nos charcos

Moitas garranchentas amarram o caminho
— Pressa, compadre
Temos que chegar antes da lua

Esta costa baixa pegou verão
O rio se encolheu A água se retirou
O vento rói as margens de beiços rachados

O mangue de cara feia
vem de longe caminhando com a gente

XXI

Noite pontual
Lua cheia apontou, pororoca roncou

Vem que vem vindo como uma onda inchada
rolando e embolando
com a água aos tombos

Vagalhões avançam pelas margens espantadas

Um pedaço de mar mudou de lugar

Somem-se ilhas menores
debaixo da onda bojuda
arrasando a vegetação

Fica para trás o mangue
aparando o céu com braços levantados

Florestinhas se somem
A água comovida abraça-se com o mato

Estalam árvores quebradas de tripa de fora

Pororoca traz de volta a terra emigrante que fugiu de casa

levada pela correnteza

XXII

Paisagem encharcada
O luar espesso amansa as águas
Árvores parecem pássaros inchados

Voltam lentamente rio acima
comboios de matupás pra construção de novas ilhas
numa engenharia silenciosa

O rabo dágua se some
Vai descansar debaixo da lua
na ponta da Seriaca

— Vamos aproveitar a força da enchente
— Pois se agarre neste pau de balsa

> *Maré cheia Maré baixa*
> *Onda que vai Onda que vem*
> *Coração na beira dágua*
> *tem maré baixa também*

— Aquela polpa de mato está me puxando os olhos
— Então navegue pra lá, compadre

XXIII

Noite grande...

Apicum da beira dágua está gostoso

Hoje tem céu que não acaba mais
esticado até aquele fundo

Bom se eu pudesse empurrar horizontes
ver terras com florestas decotadas
numa noite enfeitada de lua
com cachos de estrelas

— Estou de mussangulá

Dentro do mato de árvores niqueladas
silêncio fez *tincuã*

Grilos dão aviso
Respondem lá adiante

Sapos com dor de garganta estudam em voz alta
Céu parece uma geometria em ponto grande

— Há tanta coisa que a gente não entende, compadre

— O que é que haverá lá atrás das estrelas?

XXIV

— Compadre, eu já estou com fome
Vamos lá pro Putirum roubar farinha?

— Putirum fica longe?
— Pouquinho só chega lá
Cunhado Jabuti sabe o caminho
— Então vamos

Vamos lá pro Putirum
Putirum Putirum
Vamos lá roubar tapioca
Putirum Putirum

Casão das farinhadas grandes

Mulheres trabalham nos ralos
mastigando os cachimbos

Chia a caroeira nos tachos
mandioca-puba pelos tipitis

— Joaninha Vintém conte um causo
— Causo de quê?
— Qualquer um
— Vou contar causo do Boto
Putirum Putirum

Amor choviá
Chuveriscou

Tava lavando roupa maninha
quando Boto me pegou

— Ó Joaninha Vintém
Boto era feio ou não?
— Ai era um moço loiro, maninha
tocador de violão

Me pegou pela cintura...
— Depois o que aconteceu?

— Gente!
Olhe a tapioca embolando nos tachos

— Mas que Boto safado!
Putirum Putirum

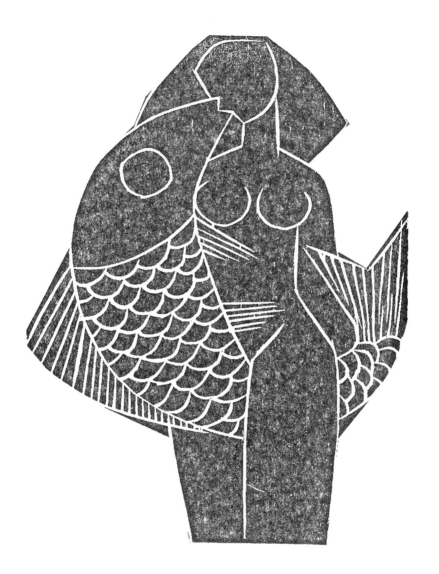

— *Mas que Boto safado!*

XXV

A festa parece animada, compadre
— Vamos virar gente pra entrar?
— Então vamos

— Boa noite
— Bua nuite

— Aí não me conhecem, não
Perguntarão:
— Quem será?

— Se for de bem pode entrar
— Então peço licença
para quebrar um verso pra dona da casa:

Angelim folha miúda
que foi que te entristeceu?
Tarumã

Foi o vento que não trouxe
notícias de quem se foi
Tarumã

Flor de titi murchou logo
nas margens do igarapé
Tarumã

Na areia não deixou nome
O rasto o vento levou
Tarumã

— Puxe mais um chorado na viola, compadre
— Mano, espermente um golinho de cachaça ardosa
pra tomar sustança
— Então abram roda:

Tajá da folha comprida
não pia perto de mim
Tajá

Quando anoitece na serra
tenho medo que ela se vá
Tajá

Já tem noite nos seus olhos
de não-te-lembras-mais-de-mim
Tajá

Ai serra do Adeus-Maria
não leva o meu bem pra lá
Tajá

Tajá que traz mau agoiro
não pia perto de mim
Tajá

— Mexa com o corpo velho
Trance pernas com a moça, compadre

— *Balance. Traversê*
— Com sus pares contraro
— Vorver pela dereita
— Mudar de posição

Vou tomar tacacá quente
Tico-tico já voltou
Foi no mato cortar lenha
Urumutum Urumutum

Pica-pau bate que bate
já bateu meu coração
Bateu bico toda a noite
Urumutum Urumutum

— Esse decumê tá ficando bom
— Passe a cuité com farinha pra gente
Pimenta pegou fogo na boca
— Então desentupa a goela com tiquira
                    Urumutum Urumutum

— Olha, compadre
Aquela moça está toda dobradinha por você

— Já está na hora de ir embora
Esquente o corpo com uma xiribita
que ainda temos que pegar muito chão-longe

— Vamos!
— Compadre,
escuite uma coisa aqui no ouvido:
Joaninha Vintém quer vim junto

— Nada disso. É muito tarde.
Traga umas ervas de surra-cachorro
e vamos pegar o corpo que ficou lá fora

— Então desentupa a goela com tiquira

XXVI

Noite está bonita
Parece envidraçada

Dormem sororoquinhas na beira do rio
Árvores nuas tomam banho

Jacarés em férias
mastigam estrelas que se derretem dentro dágua

Entre toiceiras de macegas
passa uma suçuarana com sapatos de seda

Ventinho penteia as folhas de embaúba

A paisagem se desfia num pano de fundo

Cunhado Jabuti torceu caminho
— Dê lembranças à dona Jabota

Enquanto é noite
com todo esse céu espaçoso e tanta estrela
vamos andando machucando estradas mais pra diante

E depois fuma e defuma
Fumaça de mucurana

XXVII

Mais adiante uma pajelança

No escuro a um canto do rancho
Pajé assobia comprido *fiu... fiu*
chamando o mato.

— Mato! Quero minha onça caruana Maracá te chama

Onça chegou Saltou Entrou no corpo do Pajé
— Quero tafiá Quero fumar Quero dança de arremedar

Não gosto de fogo

Mestre Paricá chama os doentes
de sezão de inchaço no ventre espinhela caída.

— Só quem sabe curar isso é a Mãe do Lago
— Quem entende de inchaço é o Urubu-tinga

Pajé faz uma benzedura de destorcer quebranto

E depois fuma e defuma
Fumaça de mucurana
gervão com cipó-titica
e favas de cumaru

Em seguida pega uma figa de Angola
Risca uma cruz no chão
e varre o feitiço do corpo com penas de ema

Em seguida pega uma figa de Angola
Risca uma cruz no chão

O último caruana pede tafiá dança de arremedar
— E quero mais diamba

— Compadre, vamos também experimentar uma fumadinha?

Pajé tonteou Se acocorou Foi-se sumindo
assobiando baixinho *fiu...fiu...fiu...*

Então
contrata o mato pra fazer mágica

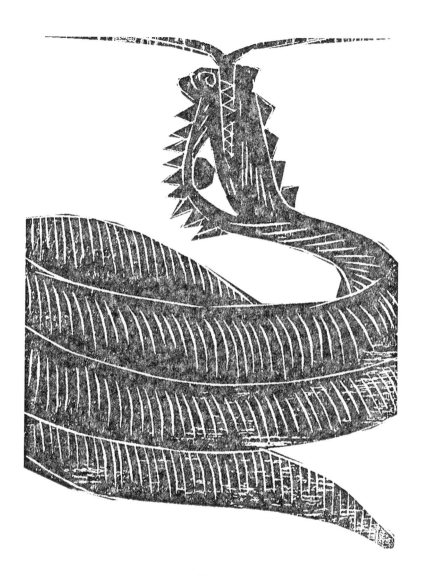

*Movem-se espantalhos monstros
riscando sombras estranhas pelo chão*

XXVIII

A floresta se avoluma

Movem-se espantalhos monstros
riscando sombras estranhas pelo chão

Árvores encapuçadas soltam fantasmas
com visagens do lá-se-vai

O luar amacia o mato sonolento

Lá adiante
o silêncio vai marchando com uma banda de música

Floresta ventríloqua brinca de cidade

Movem-se arbustos cúbicos
sob arcadas de samaúma

Palmeiras aneladas se abanam

Jaburus de monóculo namoram estrelas míopes
João Cutuca belisca as árvores

Passa lá embaixo a escolta do Rei-de-Copas
Curvam-se as canaranas

Jaburus de monóculo namoram estrelas míopes

Chegam de longe ruídos anônimos

— Quem é que vem?
— Vem vindo um trem:
Maria-fumaça passa passa passa

O mato se acorda

Cipós fazem intrigas no alto dos galhos
Desatam-se em gargalhadinhas

Uma árvore telegrafou para outra:
psi psi psi

Desembarcam vozes de contrabando

Sapos soletram as leis da floresta

Lá em cima
um curió toca flauta

Estira-se o rio

O mato é um acompanhamento

Desfiam-se as distâncias
entre manchas de neblina

— Lá vai indo um navio, compadre!

Jaquirana-boia apita
Uma árvore abana adeus do alto de um galho

— *Vem vindo um trem:*
Maria-fumaça passa passa passa

XXIX

— Escuta, compadre
O que se vê não é navio É a Cobra Grande

— Mas o casco de prata? As velas embojadas de vento?

Aquilo é a Cobra Grande
Quando começa a lua cheia ela aparece
Vem buscar moça que ainda não conheceu homem

A visagem vai se sumindo
pras bandas de Macapá

Neste silêncio de águas assustadas
parece que ainda ouço um soluço quebrando-se na noite

— Coitadinha da moça
Como será o nome dela?
Se eu pudesse ia assistir o casamento

— Casamento de Cobra Grande chama desgraça, compadre

Só se a gente arranjar mandinga de defunto

Ué! Então vamos
Lobisomem está de festa no cemitério

XXX

— Abre-te vento
que eu te dou um vintém queimado
Preciso passar depressa
antes que a lua se afunde no mato

— Então passa, meu neto

Pereré Pereré Pereré
Quero chegar na serra Longe

— Pajé-pato meu avô
arreda o mato para um lado
que eu preciso passar

Levo um anel e um pente de ouro
pra noiva da Cobra Grande

— Que mais que tu levas?
— Levo cachaça
— Então deixa um pouco Pode passar

Canta um pitiro-pitiro no fundo do mato
Silêncio não respondeu

Matim-tá-pereira vem chegando
— Bom cê deixar um naco de fumo pro Curupira, compadre

Tamos chegando na ponta do Escorrega

Aracuã fica de guarda
As moças vão tomar banho no escondido

Pressa que pena, compadre
Senão a gente ia espiar cheiroso
— Força pra frente que já é tarde

— Devagar
que chão duro dói chô chô

— Só temos um palmo de lua lá em cima

— Devagar
que chão duro dói chô chô

— Se a bruxa do olho comprido acorda
Espalha malefício

— Devagar
que chão duro dói chô chô

— Pressa, compadre
Já avistei serra do Vento
do lado de lá do luar

Terras da Cobra Grande
começam atrás do pantanal

— Ai compadre
quero três fôlegos de descanso
que o ar entupiu

Então esperazinho um pouco
Vou buscar puçanga
pra distorcer o mau-olhado

Ouço miando no mato a alma-de-gato
Tincuã quando pia é mau agoiro...

XXXI

Esta é a entrada da casa da Boiuna

Lá embaixo há um tremedal
Cururu está de sentinela

Desço pelos fundões da grota
num escuro de se esconder

O chão oco ressoa
Silêncio não pode sair

Há fossas de boca inchada
— Por onde será que isto sai?
— Sai na goela da Panela

Aí o medo já me comicha a barriga

Lá adiante
num estirão mal-assombrado
vai passando uma canoa carregada de esqueletos

Neste Buraco do Espia
pode-se ver a noiva da Cobra Grande

Compadre! Tremi de susto
Parou a respiração

Sabe quem é a moça que está lá embaixo
.. nuinha como uma flor?
— É a filha da rainha Luzia!

— Então corra com ela depressa
Não perca tempo, compadre
Cobra Grande se acordou

— Sapo-boi faça barulho
— Ai Quatro Ventos me ajudem
Quero forças pra fugir
Cobra Grande vem-que-vem-vindo pra me pegar

Já-te-pego Já-te-pego

— Serra do Ronca role abaixo
— Tape o caminho atrás de mim

Erga três taipas de espinho
fumaças de ouricuri
— Atire cinzas pra trás
pra agarrar distância

Já-te-pego Já-te-pego

Tamaquaré, meu cunhado
Cobra Grande vem-que-vem
Corra imitando o meu rasto
Faz de conta que sou eu
Entregue o meu pixé na casa do Pajé-pato

Torça caminho depressa
que a Boiuna vem lá atrás
como uma trovoada de pedra

Vem amassando mato

Uei!
Passou rasgando o caminho

Arvorezinhas ficaram de pescoço torcido
As outras rolaram esmagadas de raiz pra cima

O horizonte ficou chato

Vento correu correu
mordendo a ponta do rabo

Pajé-pato lá adiante ensinou caminho errado:

— Cobra Norato com uma moça?
Foi pra Belém Foi se casar

Cobra Grande esturrou direito pra Belém

Deu um estremeção

Entrou no cano da Sé
e ficou com a cabeça enfiada debaixo dos pés de Nossa Senhora

Entrou no cano da Sé

XXXII

— E agora, compadre
vou de volta pro Sem-fim

Vou lá para as terras altas
onde a serra se amontoa
onde correm os rios de águas claras
entre moitas de mulungu

Quero levar minha noiva
Quero estarzinho com ela
numa casa de morar
com porta azul piquininha
pintada a lápis de cor

Quero sentir a quentura
do seu corpo de vaivém
Querzinho de ficar junto
quando a gente quer bem bem

Ficar à sombra do mato
ouvir a jurucutu
águas que passam cantando
pra gente se espreguiçar

E quando estivermos à espera
que a noite volte outra vez
hei de le contar histórias
escrever nomes na areia
pro vento brincar de apagar

XXXIII

Pois é, compadre
Siga agora o seu caminho

Procure minha madrinha Maleita
diga que eu vou me casar
que eu vou vestir minha noiva
com um vestidinho de flor

Quero uma rede bordada
com ervas de espalhar cheiroso
e um tapetinho titinho
de penas de irapuru

No caminho
vá convidando gente pro Caxiri grande

Haverá muita festa
durante sete luas sete sóis

Traga a Joaninha Vintém o Pajé-pato Boi-Queixume
Não se esqueça dos Xicos Maria-Pitanga o João Ternura

O Augusto Meyer Tarsila Tatizinha
Quero povo de Belém de Porto Alegre de São Paulo

— Pois então até breve, compadre
Fico le esperando
atrás das serras do Sem-fim

SOBRE O AUTOR
E SUA OBRA

Cobra Norato

Um dia
ainda eu hei de morar nas terras do Sem-fim.

Vou andando, caminhando, caminhando
me misturo no ventre do mato mordendo raízes
Depois
faço puçanga de flor de taja de lagoa
e mando chamar a Cobra Norato

— Quero contar-te uma história
Vamos passear naquelas ilhas encantadas?
Faz de conta que há luar

Sobre o autor

RAUL BOPP nasceu em 4 de agosto de 1898, em Pinhal, município de Santa Maria (RS), e criou-se em Tupanciretã, zona campeira.

Seu bisavô, Leonardo, foi dos primeiros alemães que imigraram para o Sul do Brasil, em julho de 1824, pouco depois de proclamada a nossa Independência. Ali, na província do Rio Grande, iniciou-se o ramo brasileiro da família Bopp. A maioria dos descendentes optou pela criação de gado. O avô paterno era perito no laço e nas boleadeiras. O pai dedicou-se ao trabalho com couro e curtume.

A mãe de Raul Bopp pertencia à família Kroeff, que chegou da Alemanha em 1845, 21 anos depois dos Bopp, vinda da comunidade de Merl. Na terra natal, dedicavam-se ao fabrico de vinho. Seu avô materno, Miguel, instalou-se no Pinhal, próximo à estrada de ferro, cuja estação chamava-se então Parada Kroeff. A mãe escrevia versos em alemão.

Com menos de um ano, Raul Bopp foi com os pais para Tupanciretã, conhecido ponto da estrada real, que atravessava a região missioneira. O pai, do trabalho primeiro com couro e curtume, progrediu o bastante para montar uma fábrica de arreios e calçados.

Adolescente, Bopp quis viajar pelo mundo. Depois de conhecer o Paraguai, foi parar em Mato Grosso. Quando o dinheiro acabou, teve que trabalhar, inclusive como pintor de portas e paredes, em Aquidauana. Resolveu, enfim, voltar ao Rio Grande do Sul, onde iniciou o curso de direito, completado em três outras cidades diferentes: Recife, Belém e Rio de Janeiro. Era o desejo forte de conhecer o Brasil. Dizia ele que "viajava sempre que podia, para assistir festas folclóricas. Fazia exames na segunda época".

Anos mais tarde, na Amazônia, o estranhamento: "Era uma geografia do mal-acabado. As florestas não tinham fim. A terra se repetia, carregada de alaridos anônimos. Eram vozes indecifradas. Sempre o mato e a água por toda a parte." Não demorou muito e passou a acreditar nos seres fantásticos da floresta: o Minhocão, o Curupira, o Caapora, o Mapinguari. Os "causos" que ouvia dos canoeiros da bacia amazônica tornavam-se, para ele, a mais pura realidade. *Cobra Norato* começava a se esboçar. No início idealizado como um projeto para crianças, com o passar dos anos foi-se transformando num poema para adultos.

Entre 1926 e 1929, viveu em São Paulo. Lá, junto com Oswald de Andrade e Tarsila do Amaral, entre outros, fez parte do movimento antropofágico, vertente do Modernismo que marcou para sempre a história da cultura nacional.

Viajou pelo Extremo Oriente, Europa e América Latina. Em 1932, ingressou na carreira diplomática, tendo servido em Cobe, Iocoama, Los Angeles, Lisboa, Zurique, Barcelona, Guatemala, Berna, Viena e Lima.

Raul Bopp morreu no Rio de Janeiro em 2 de junho de 1984.

Entrevista com Raul Bopp

Esse depoimento/entrevista de Raul Bopp é a fusão de dois encontros entre o autor e Maria Amélia Mello, editora da José Olympio até 2014, ocorridos em 1976 e 1978 e publicados na imprensa. Revelam um pouco da história do Movimento Modernista e, mais especificamente, da produção de *Cobra Norato*, pela ótica de Bopp, uma testemunha que participou dos eventos transformadores que começaram com a Semana de 1922.

Você nasceu no interior do Rio Grande do Sul e morou em muitos lugares no Brasil: Porto Alegre, Rio de Janeiro, Recife, Belém... Percorreu, inclusive, a Amazônia, durante um longo tempo. Esse conhecimento do país deve ter, com certeza, marcado sua obra, em particular Cobra Norato.

— Pode-se inclusive dividir a minha poesia em duas fases: a pré-Amazônica e a pós. Isso tudo — as histórias e mistérios da região — ficou em mim. Recebi também a influência de Antonio Brandão de Amorim, que usava muitos diminutivos de verbos, recurso que incorporei no *Cobra*. Lembro-me ainda de frases como: "Fulano brinca de marido com a mulher dos outros." São os ditos populares, o folclore. Isto é a minha alma, a alma de meus livros. (...) Esbocei o poema em 1921, quando ainda estava na Amazônia. Algum tempo depois parti para São Paulo e levei os originais dentro da mala, junto com outras coisas. Somente em 1927, quando fui acolhido por Oswald de Andrade e Tarsila do Amaral, é que pensei em retocar um ou outro verso. O poema andou de mão em mão, ainda datilografado, entre companheiros. E, em 1931, por iniciativa desses amigos, publicava-se *Cobra Norato*.

Como foi sua participação na Semana de Arte Moderna de 1922? E como você a avalia?

Eu estava [geograficamente] longe dos arrebaldes literários, vendo tudo o que havia.[1] Era como se olhasse de binóculo. O acontecimento ficou com grande irradiação, aquela insurreição das letras. Mas aqueles três dias agitados tiveram atuação reduzida no começo. Isso porque eram poucas as revistas do movimento: *Klaxon, Estética*... A minha colaboração no Movimento Modernista foi apenas de divulgação, já que trabalhava, nessa época, na Agência Nacional. Mandava pequenas citações dos modernistas para os jornais, eram trechos que causavam impacto no público. (...) O impulso modernista deu lugar, alguns anos mais tarde, em 1928, a uma subcorrente de ideias, na própria cidade de São Paulo. Essa agitação no mundo das letras, surgida com um sentido ferozmente brasileiro, denominou-se Antropofagia. E teve três fases: primeiro foi a *Revista de Antropofagia*, da qual eu era gerente; depois veio a fase em que se achava que se estava perdendo tempo: havia muito "piadismo" nos assuntos brasileiros; e, então, resolveu-se encarar o movimento com base num princípio sério.

---

[1] Raul Bopp morava no Rio de Janeiro. E a Semana de Arte Moderna aconteceu no Teatro Municipal de São Paulo, em 1922.

Tínhamos uma página no *Diário de São Paulo*. Pertencíamos à *Antropofagia Brasileira das Letras*. Na terceira fase, tentamos fazer uma "bibliotequinha" antropofágica, procuramos elaborar teses e estudos nesse sentido, além do proclamado Congresso, que nunca ocorreu.

Mas você atuou na Revista de Antropofagia.

— Na *Revista de Antropofagia* (1928), participei mais da divulgação, como gerente, para estabelecer contatos, solicitar matérias, colaborações, realizar um trabalho editorial. A revista era uma espécie de cartão de visitas para todo intelectual do Brasil, algo novo, moderno, radical, ousado, diferente do que se publicava na época. Nosso público era muito restrito e contávamos ainda com problemas de distribuição. Fazendo "vaquinha", pagávamos a impressão da revista, e os exemplares seguiam pelo correio por aí afora. Mas ela não teve grande repercussão na imprensa, apenas as notinhas de praxe.

E suas ligações com outros participantes do Movimento Antropofágico?

— O ponto de reunião dos antropofágicos era na rua Barão de Piracicaba, casa de Oswald e Tarsila. Lá, os poetas encontravam sempre um papo, uma companhia. Já na rua Lopes Chaves, onde vivia Mário de Andrade, o clima era mais sisudo, o ar mais solitário. (...) Oswald era dispersivo, uma figura polêmica, contraditória, capaz de comprar uma discussão pelo simples prazer de polemizar. Um tipo mais aberto. Já Mário, não. Quando se deu a Antropofagia, ano de lançamento de *Macunaíma*, havia um ponto em comum em suas ideias: planos ferozmente nacionalistas. Oswald insistiu para que Mário integrasse o movimento, mas parece que o autor de *Pauliceia Desvairada* preferiu continuar fazendo sua literatura sozinho. Desentendimentos, talvez, de palavras. Mas nunca foram inimigos. Afastaram-se apenas. (...) O nome [Movimento Antropofágico] surgiu por acaso. Uma noite, Tarsila e Oswald resolveram levar um grupo que frequentava o Solar a um restaurante. Especialidade da casa: rãs. Uns aderiram à ideia, outros ficaram com os pratos mais corriqueiros. Quando, entre aplausos, chegou a comida, Oswald levantou-se e começou a fazer o elogio à rã, uma blague para explicar a teoria da evolução das espécies. Tarsila interveio: "Somos quase antropófagos." E entre outras tiradas, Oswald proclamou *"Tupy or not tupy, that's the question."*[2] Logo depois, Tarsila pintou o quadro e o batizou de *O Antropófago*. Assim, Oswald propôs desencadear um movimento de reação genuinamente brasileiro. (...) O movimento dava lições de desrespeito aos canastrões das Letras. Fazia inventário da massa falida de uma poesia bobalho na e sem significado.

---

[2] Jogo de palavras com a célebre frase da peça *Hamlet*, de William Shakespeare: *"To be or not to be, that's the question"* ("Ser ou não ser, eis a questão").

Obra

POESIA

Urucungo (poemas negros). Rio de Janeiro, Ariel, 1932.
Antologia poética. Rio de Janeiro, Leitura, 1967.
Mironga e outros poemas. Rio de Janeiro, Civilização Brasileira/
MEC, 1978.

PROSA

No Brasil

Movimentos modernistas no Brasil. Rio de Janeiro, São José,
1966.
Memórias de um embaixador. Rio de Janeiro, Record, 1968.
Putirum: poesias e coisas de folclore. Rio de Janeiro, Leitura,
1969. Organização de Macedo Miranda.
Coisas do Oriente. Rio de Janeiro, Tupi, 1971.
Bopp passado a limpo por ele mesmo. Rio de Janeiro, Tupi, 1971.
Samburá: notas de viagem e saldos literários. Editora Brasília, 1973.
Vida e morte da antropofagia. Rio de Janeiro, Civilização Bra-
sileira/INL/MEC, 1977.

No exterior

América. Los Angeles (EUA), Commonwealth Press, 1942.
Notas de viagem: uma volta pelo mundo. Berna, Druck Stampfli
& Cia., 1960.

Notas de um caderno sobre o Itamarati. Berna, Druck Stampfli & Cia., 1960.

Em colaboração

Caminhos para o Brasil. Com Américo R. Neto e Eng. Donald Derrom. São Paulo, 1928.

Geografia mineral. Com José Jobim. Tóquio, 1938.

Sol e banana. Com José Jobim. Tóquio, 1938.

Obras traduzidas

Poesias. Capa de Zoltam Kemeny. Zurique: Orell Fussli, 1947.

Cobra Norato e outros poemas. Edição preparada por Alfonso Pinto. Vinhetas de Juan Miró. Barcelona: Dau al Set, 1954.

Nheengatu de la Rive Gauche de l'Amazone [Cobra Norato e Outros Poemas]. Tradução Ciro de Morais Rego e Christine Morault. Nantes: Éditions MeMo, 1998.

Cobra Norato. Edição bilíngue. Ilustração Sandra Machado. Tradução Ciro de Morais Rego e Christine Morault. Nantes: Éditions MeMo, 2005.

Exposições

XXIV Bienal Internacional de São Paulo (São Paulo, 1998).

De la Antropofagia a Brasília: Brasil 1920-1950 (Valência [Espanha], 2000).

Da Antropofagia a Brasília: Brasil 1920-1950 (São Paulo, 2002).

Amazônia, Ciclos de Modernidade (Rio de Janeiro, 2012).

Espetáculos

Rondó 58 (Rio Grande do Sul, 1958).

Cobra Norato (Minas Gerais, 1979). Vencedor do Prêmio Molière de melhor diretor (Álvaro Apocalypse), do Troféu Mambeme (Técnica, iluminação, Grupo) e do Grande Prêmio da Crítica da Associação Paulista de Arte (APCA), em 1980.

Edições de *Cobra Norato*

1931. Publicação de Jaime Adour da Câmara e Alberto Pádua de Araújo. Capa de Flávio de Carvalho. São Paulo, Irmãos Ferraz.

1937. Organização de Luís Vergara, José de Queirós Lima, Aníbal Machado, Carlos Echenique e Carlos A. Leão. Ilustrações de Oswaldo Goeldi. Com 150 exemplares numerados. Rio de Janeiro, Mateus di Monaco/Armando di Monca.

1951. Publicação de Augusto Meyer. Capa de Zoltan Kemeny. Rio de Janeiro, Bloch.

1956. Contendo poemas de *Urucungo*, publicado em 1932. Capa de Aldemir Martins. Rio de Janeiro, São José.

1967. Em *Antologia poética*. Prefácio de Manoel Cavalcanti Proença. Rio de Janeiro, Leitura.

1969. Incluído na parte de poesia de *Putirum*. Nota de Macedo Miranda. Capa de Sérgio Bopp. Rio de Janeiro, Leitura.

1973. Contendo também "Outros poemas". Ilustrações de Poty. Capa de Dounê (sobre ilustração de Poty). Coleção Vera Cruz (Literatura Brasileira), vol. 168. Rio de Janeiro, Civilização Brasileira.

1974. A partir da 17ª edição passa a ser publicada pela José Olympio. Ilustrações de Poty.

2016. Com novo projeto gráfico, a José Olympio publica a 30ª edição com ilustrações inéditas de Ciro Fernandes e capa de Leonardo Iaccarino.

Este livro foi composto na tipologia Minion,
em corpo 11,5/15, e impresso em
papel off-white 90g/m² no Sistema Cameron
da Divisão Gráfica da Distribuidora Record.